Bibliografische Information der Deutschen Bibliothek
Die Deutsche Bibliothek verzeichnet diese Publikation in der Deutschen Nationalbibliografie; detaillierte bibliografische Daten sind im Internet über http://dnb.ddb.de abrufbar.

Unterstützt wurde das Projekt von:

YAD VASHEM
The Holocaust Martyrs' and Heroes' Remembrance Authority
The International School for Holocaust Studies

ICHEIC Humanitarian Fund
The International Program for Preserving and Perpetuating the Memory of the Holocaust and its Lessons in Europe

Pädagogische und didaktische Hinweise zur Frage „Wie erzählen wir es unseren Kindern?“ sind im Online-Handbuch www.weg-von-hier.at zu finden.

Verlag: Wagner Verlag, Harrachstr. 7, 4020 Linz, 0732/ 771205-8618
www.wagnerverlag.at, office@wagnerverlag.at

Druck: Druckerei Bad Leonfelden, www.dbl.at

Text: Martina Führer, Gertraud Hoheneder, Ruth Nowotny
Grafische Gestaltung: Ruth Longodor
Illustration: Elisabeth Birngruber, Ruth Longodor
Wissenschaftliche Expertise: Angelika Schlackl

ISBN: 978-3-902330-70-3

Weg von hier ...

Linz – Shanghai – Israel

Stationen im Leben der Linzer Jüdin Ilse Mass

Wagner Verlag

Jerusalem, Februar 2010

Liebe Leserin! Lieber Leser!

Ich freue mich, dass du dich für meine Geschichte interessierst.
Im Februar 2010 besuchten mich drei oberösterreichische Volksschul-Lehrerinnen hier in Jerusalem. Ich war sehr überrascht, dass sie meine Lebensgeschichte in einem Buch für Kinder festhalten wollten.
Nun hoffe ich, dass viele Kinder dieses Buch lesen und auf diese Weise aus der jüdischen Vergangenheit, die es auch in Linz gab, erfahren.

Ich grüße euch alle sehr herzlich aus Jerusalem, Israel

eure Ilse Mass

Hinweis der Autorinnen:

Beim Lesen wirst du auf Wörter stoßen, die du vielleicht nicht verstehst und die deshalb mit einem Stern (*) gekennzeichnet sind. Sie werden am Ende des Buches erklärt. Unter dem Text ist die Seite angegeben, auf der du nachlesen kannst.

Meine Zeit in Linz ...

Pöstlingberg

Hauptplatz

Volksgarten

Über mich

Am 30. November 1928 wurde ich in Linz geboren. Ich wohnte mit meinen Eltern, Julia und Eduard Rubinstein, in der Bismarckstraße 4.

Wir waren eine jüdische* Familie. Das merkte man aber nur daran, dass wir zu besonderen jüdischen Feiertagen in die Synagoge* gingen.

Da ich das einzige Kind war, wurde ich etwas verwöhnt.

* jüdisch – Jude S.56
* Synagoge – S.57

Ich war häufig krank und hatte alle möglichen Kinderkrankheiten. Unser Kinderarzt kam deshalb oft zu uns in die Wohnung.

Spielzeug hatte ich eine ganze Menge. Aber am liebsten spielte ich mit meiner Puppe Liesl. Sie war eine große Puppe mit schwarzer Hautfarbe und einer Masche im Haar. Meine Mutter ließ extra ein Dirndlkleid für meine Liesl nähen.

Ich liebte es, wenn wir als Familie Ausflüge machten. In Linz konnte man sehr viel unternehmen. Im Winter fuhren wir am Pöstlingberg Schlitten.
Manchmal ging ich Eislaufen.

Mein Lieblingsplatz zum Spielen war im Volksgarten. Auch zum Radiosender auf dem Freinberg spazierten wir gerne. Etwas ganz Besonderes waren die Schifffahrten auf der Donau.

In der Stadt gab es eine Konditorei, in der es besonders gute Mehlspeisen gab. Dorthin gingen wir öfter. Ich bestellte mir entweder ein Erdbeerschiffchen oder einen Indianerkrapfen.

Meine Eltern hatten im Erdgeschoß unseres Wohnhauses ein Bekleidungsgeschäft. Mutti saß an der Kasse.
Papa besaß sogar ein Auto, einen Hanomag. Er war damit geschäftlich unterwegs. Damals war das eine Sensation, wenn jemand ein Auto hatte.

In unserem Geschäft gab es schon ein Telefon. Noch heute kann ich mich an die Nummer erinnern.

die Bismarckstraße in Linz

Schon mit fünf Jahren meldeten mich meine Eltern im Brucknerkonservatorium zum Ballettunterricht an.
Dort entdeckte man, dass ich Talent zum Tanzen hatte.

In Linz konnten wir gut leben und wir fühlten uns dort wohl.

In der Schule

Mit sechs Jahren kam ich mit vielen anderen Kindern in die Mozartschule. In meiner Klasse waren nur Mädchen. Meine beste Freundin war Helga Scheidt.

Ich ging sehr gern in die Schule. Meine Lieblingsfächer waren Schönschreiben und Heimatkunde.

die Mozartschule einst (oben)
und heute (rechts)

Das bin ich.

In der Klasse war ich das einzige jüdische Mädchen. Wenn meine christlichen Mitschülerinnen Religionsunterricht hatten, ging ich ins Haus des Rabbiners*.

Dort lernte ich Gebete, Geschichten aus der Bibel und die hebräische Sprache. Ich mochte diesen Unterricht nicht, weil der Rabbiner sehr streng war.

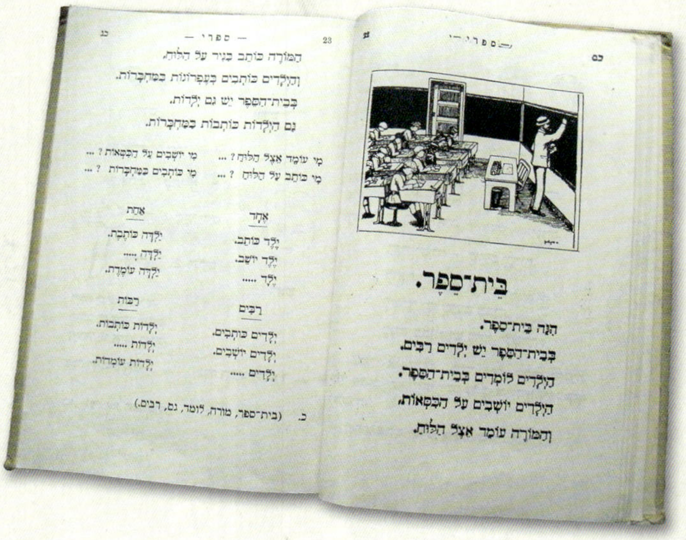

* Rabbiner – S.58

Einmal spielten mir meine Mitschülerinnen einen schlimmen Streich.
Die schöne Kappe einer Mitschülerin war verschwunden.
Das Mädchen, dem sie gehörte, war verzweifelt, denn es war eine teure Kappe. Es herrschte Aufregung in meiner Klasse. Wo konnte dieses Ding sein?
Alle beteiligten sich an der Suche. Aber die Kappe war unauffindbar.

Als ich etwas später meine Schultasche aus dem Fach holte, geschah das Unfassbare: Die Kappe lag genau dahinter! Wie konnte das geschehen? Warum steckte jemand die Kappe hinter meine Schultasche?
Alle sahen mich so seltsam an. Ich konnte direkt hören, was sie dachten: „Die Rubinstein hat sie gestohlen!"
„Das war ich nicht", beteuerte ich und meine Lehrerin glaubte mir. Ich hatte eine liebe Lehrerin!

Der „Anschluss"*

Es war im März 1938.
Wir standen in unserer Wohnung am Fenster. Vorsichtig spähten wir hinter den zugezogenen Vorhängen auf die Landstraße. Wir wollten sehen, was dort geschah.

Plötzlich kam der offene Wagen mit Hitler* in Sicht. Mein Vater trat zwei Schritte zurück, machte eine Handbewegung, die ich nie vergessen werde, und sagte: „Das ist unser Ende!"

Hinter dem Wagen gingen viele Männer in brauner SA*-Uniform.
Da rief mein Vater erstaunt aus: „Schaut einmal, wer da marschiert! Ist das nicht unser Kinderarzt?" Wir drängten uns zum Fenster.

Tatsächlich! Da marschierte unser Kinderarzt in der SA-Uniform in der vordersten Reihe mit.

Meine Eltern starrten fassungslos auf die vorbeimarschierenden Menschen. Wer hätte das gedacht!
Unser Kinderarzt, der so oft bei uns gegessen hatte, der ein- und ausging und fast wie ein Freund der Familie war, der war ein heimlicher Anhänger der Nationalsozialisten*!
Das war das letzte Mal, dass wir ihn sahen.

* „Anschluss" S.62
* Hitler – Adolf Hitler S.60
* SA S.61
* Nationalsozialisten – Adolf Hitler S.60

Hausdurchsuchung

Schwere, laute Schritte auf dem Gang vor der Tür! Ein forderndes Klopfen an der Zimmertür. „Aufmachen!" Unsicher öffnete meine Mutter. Einige Männer in SA-Uniform kamen herein und durchwühlten, ohne Erklärungen abzugeben, unsere Sachen. Wie immer suchten sie Schmuck, Silber und andere Wertgegenstände.

Wir standen da –
schweigend, mit klopfendem
Herzen. Man bekam immer
Angst, wenn diese Art
von Männern auftauchte.
Ihr herrisches Auftreten,
ihre zackige Sprache,
diese Kälte in ihrem
Gesichtsausdruck und in
ihrem Benehmen.

„Lass die Sarah in Ruh!
Er sitzt eh schon!“, sagte einer, der einmal unser Kunde gewesen war. „Sarah“ sagten sie zu meiner Mutter, dabei hieß sie Julia. Später erst fand ich heraus, dass alle jüdischen Frauen mit Sarah angesprochen wurden.

Und „er sitzt schon“, da meinte der Mann meinen Vater. Papa hatte man bald nach dem „Anschluss“ in Schutzhaft genommen. Sie nannten es „Schutzhaft“, als müssten sie die jüdischen Männer beschützen, und in Wirklichkeit verhaftete man sie, als wären sie Verbrecher.

Einige Zeit später wurde Papa in ein Konzentrationslager* gebracht. Es befand sich in Dachau, in der Nähe von München.

Als Papa viele Monate später entlassen wurde, damit wir auswandern konnten, war er ganz anders als vorher.
Er war kränklich, sehr dünn, depressiv und nicht mehr so wie früher.

Er erzählte uns nie, was er dort durchgemacht hatte.

* Konzentrationslager = KZ S.62

Alles verändert sich

Einige Zeit nach dem „Anschluss“ mussten wir unser Geschäft an einen Nationalsozialisten abgeben.

Dieser neue Geschäftsleiter kam eines Tages zu uns. Er entdeckte ein schönes, teures Bild in unserer Wohnung, hängte es wortlos ab, klemmte es sich unter den Arm und ging mit seiner Beute davon.

Bald darauf kündigte uns unsere Vermieterin, eine kleine Frau: „Ich mag keine Juden in meinem Haus“, sagte sie abfällig und so mussten wir ausziehen.

Was wir mitnahmen in unsere neue Bleibe, weiß ich nicht mehr. Ob ich meine Puppe Liesl dabei hatte, daran kann ich mich nicht mehr erinnern.

Haus des Rabbiners in der Bethlehemstraße 26 in Linz

Wir wohnten dann gegenüber dem Tempel* in der Wohnung des Rabbiners. Unser Rabbiner war gleich nach dem „Anschluss“ nach England geflohen und so teilten sich mehrere Familien die Zimmer.
Ich bewohnte mit Mutti ein Zimmer. Papa war ja schon verhaftet und eingesperrt. Es war alles so anders!
Unsere schönen Bilder und Möbel und unsere geräumige Wohnung vermisste ich sehr.

Auch in der Schule veränderte sich alles. Ich war in der dritten Klasse. Eines Tages holte mich meine Lehrerin zu ihrem Schreibtisch. „Ilse, ab morgen musst du zu Hause bleiben! Jüdische Kinder dürfen unsere Schule nicht mehr besuchen.“

* Tempel – S.57

Ernst und traurig schaute mich die Lehrerin an. Ich verstand: Juden waren unerwünscht. Auch in der Schule! Ohne ein Zeugnis zu bekommen, verließ ich meine dritte Klasse.

Ich verlor dadurch auch meine beste Freundin Helga Scheidt. „Papa erlaubt mir nicht mehr, dass ich mit dir spiele“, sagte sie eines Tages zu mir. Ihr Vater hatte Angst, er könnte die Arbeit verlieren, weil seine Tochter mit einer Jüdin befreundet war. Ich weinte bitterlich.

Keine Schule, keine Freundin, keine eigene Wohnung, kein Geschäft und keinen Vater – was würde noch geschehen?

Es brennt!

Es war noch Nacht. Plötzlich wurde es hell in unserem Zimmer. Ich wachte auf und rannte zum Fenster.

„Der Tempel brennt!“*, schrie ich. Mutti sprang aus dem Bett und eilte zu mir. Entsetzt starrten wir auf die Flammen, die aus dem Gebäude züngelten. „Wir werden verbrennen!“, schoss es mir durch den Kopf.

* Tempel brennt – Novemberpogrom S.63

Mutti nahm mich fest in die Arme und ich spürte, dass auch sie zitterte. „Es wird schon nichts passieren", beruhigte sie mich, „es ist ja der Hof dazwischen."

Da, da kam endlich die Feuerwehr. „Schneller, schneller!", wollte ich rufen, aber da erkannte ich, dass die Feuerwehrmänner nur aufpassten, dass kein Nachbarhaus Feuer fing.

Ich begriff: Diese Menschen wollten, dass der Tempel abbrannte.

am nächsten Morgen im Tempelinneren

Plötzlich kamen Männer in Uniformen auf unser Haus zu. Sie stürmten herein und bedrohten uns und unsere Mitbewohner.

Mutti und ich waren wie erstarrt. Lange standen wir ohne uns zu rühren. Da fragte meine Mutter einen der Uniformierten: „Kann ich zur Toilette gehen?“ Er schaute uns an. Er machte nur eine Kopfbewegung. Mutti ging zögernd in Richtung Gang.

Ich hielt mich an ihrer Hand fest und drückte mich an sie. Da war der Mann auch schon hinter ihr und hielt ihr den Pistolenlauf an den Nacken. Ich spürte, wie Muttis Hand eiskalt war und leicht zitterte. Mit der Pistole im Nacken wurde Mutti mit mir an der Hand von dem Mann bis zur Toilette begleitet.

Kaum waren wir drinnen, verriegelte Mutti die Tür. „Komm, wir springen beim Fenster hinaus“, wisperte sie mir ins Ohr. „Nein, Mutti, der merkt doch, dass wir nicht mehr rauskommen, und dann schießt er hinter uns her!“, gab ich zu bedenken. Nur mit Mühe konnte ich Mutti davon abhalten, hinauszuspringen.

Heute noch wundere ich mich, dass ich als Zehnjährige so vernünftig war.

Die Flucht nach Wien

Nach dieser schrecklichen Nacht beschloss Mutti, Linz sofort zu verlassen und zu Verwandten nach Wien zu ziehen. Wir hätten sowieso Linz innerhalb von 48 Stunden verlassen müssen. Linz sollte so schnell wie möglich eine „judenreine“ Stadt sein.

In Wien wohnten wir bei einer Kusine meiner Mutter. Sie war eine Witwe und hatte drei hübsche Töchter und eine sehr schöne Wohnung.

Dort in Wien besuchte ich bis zum Mai 1939 die jüdische Albert-Schule. Das Zeugnis, das ich „zwecks Auswanderung“ bekam, habe ich heute noch.
Meine Verwandten wollten Wien nicht verlassen. Sie wurden später in einem KZ ermordet.

Weg von hier!

Meine Mutter unternahm alles, was möglich war, um eine Ausreise aus Österreich zu organisieren. Sie erfuhr, dass man nach Shanghai* flüchten konnte. Sofort ging sie zum Büro der italienischen Schiffsgesellschaft Lloyd-Triestino und versuchte dort drei Fahrkarten zu bekommen. Aber das Schiff war schon besetzt. Mutti flehte die Leute im Büro auf Knien an, dass sie uns noch mitnehmen. Und das Wunder geschah: Wir bekamen drei Schiffskarten für die „Conte Biancamano", einen italienischen Ozeandampfer.

Mein Vater war noch immer in Dachau gefangen. Wie konnte Mutti es erreichen, dass er freigelassen wurde?

Meine Mutter hatte viel Mut. So nahm sie mich eines Tages an der Hand und ging festen Schrittes in das Haus der Gestapo*. Dort fragte sie nach der Person, die für die Entlassung der KZ-Häftlinge zuständig war. Sie bat, meinen Vater freizulassen, und zeigte die Schiffskarten her.

* Shanghai S.64
* Gestapo S.61

Nun gab der Mann den Befehl, Vater zu entlassen. Zuletzt musste Mutti unterschreiben, dass wir innerhalb von 14 Tagen Österreich verlassen werden.
Es dauerte ein paar Tage, bis ich meinen Vater wiedersah! Meinen lieben, ruhigen, klugen, geduldigen Papa!

Mitnehmen durften wir nur einen kleinen Koffer und 10 Dollar pro Person. Wertgegenstände oder Schmuck durfte man nicht mitnehmen. An der Grenze zu Italien wurden wir noch einmal kontrolliert. Von all dem, was wir einmal besaßen, war uns fast nichts mehr geblieben. Aber wir lebten und waren als Familie zusammen!

Mit dem Zug reisten wir bis Venedig. Dort lag unser Schiff im Hafen. Ich stand und staunte, denn so ein großes schönes Schiff hatte ich noch nie gesehen. Ganz weiß und riesengroß lag es vor Anker.

„Conte Biancamano“

Ich kann mich noch an einige Stationen der Reiseroute erinnern: Port Said, Suezkanal, Singapur, Manila, Bombay, Hongkong.

Auf dem Schiff waren lauter jüdische Flüchtlinge aus Österreich oder Deutschland.

Wien
Triest
Venedig
Brindisi
Port Said
Suez
Massawa
Aden
Ich

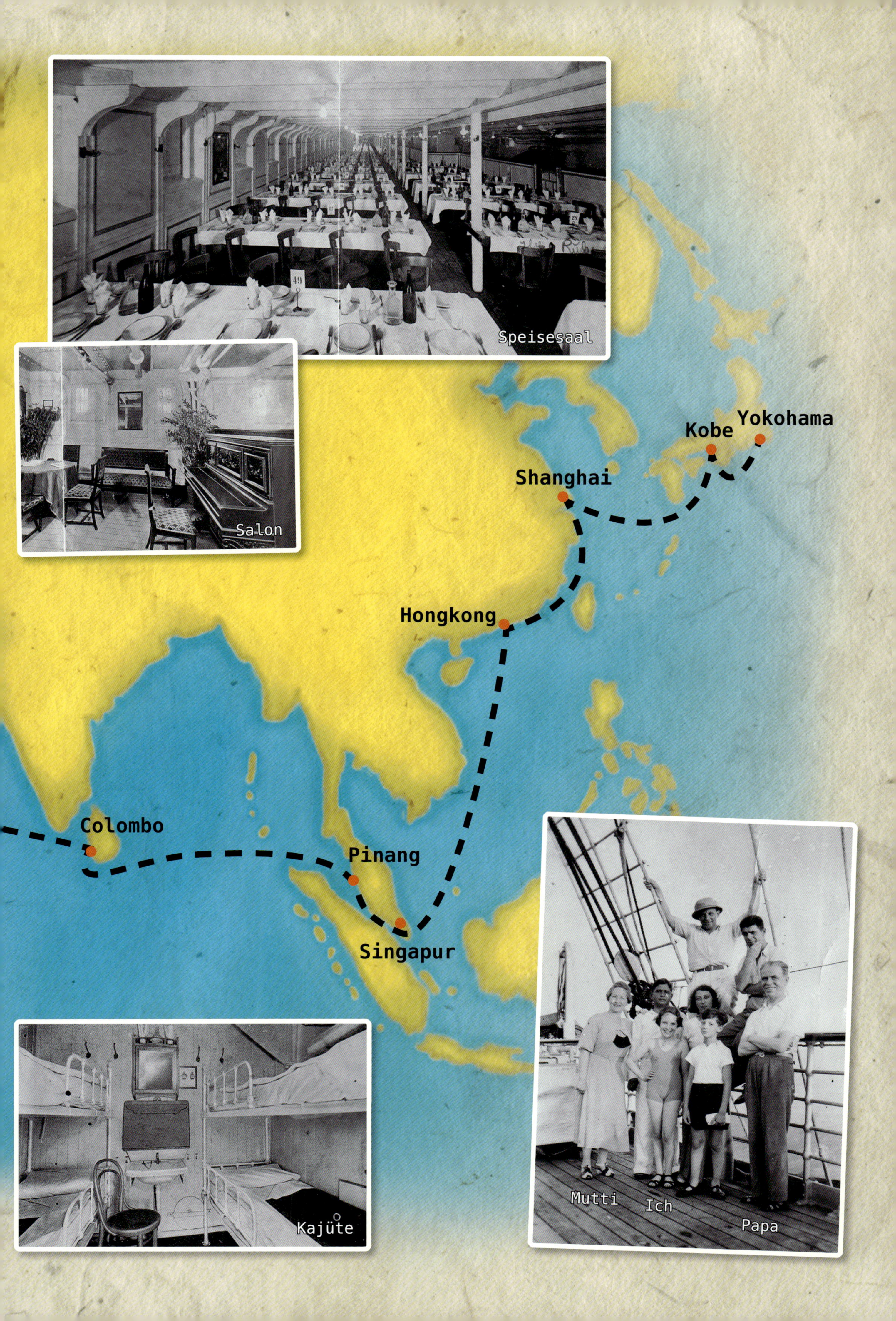
Speisesaal
Salon
Yokohama
Kobe
Shanghai
Hongkong
Colombo
Pinang
Singapur
Kajüte
Mutti
Ich
Papa

1930er Jahre in Shanghai

Stadtteil Hongkew

Café „Little Vienna"

Meine Zeit in Shanghai ...

Shanghai

Endlich, nach vier Wochen, näherten wir uns der Stadt Shanghai.
Ich war aufgeregt, ja ehrlich gesagt hatte ich Angst. Angst vor dieser neuen Welt, Angst vor der neuen Sprache – ich konnte weder Englisch noch Chinesisch –, Angst vor dem Unbekannten.

Und dann waren wir da. Es war sehr heiß und schwül, es stank, es war entsetzlich. Ich begann zu weinen: „Wie soll ich da leben?“

Nach einiger Zeit im Flüchtlingsheim mieteten wir uns ein Zimmer. Papa verkaufte seinen Ehering und später seinen schönen Mantel, um etwas Geld zu bekommen.

Hier in Shanghai feierten die jüdischen Flüchtlinge auch ihre Feste. Als Chanukkah* kam, dachte ich an die Zeit in Linz. Zu diesem Fest gab es immer viel Süßes und schöne Geschenke. Aber dafür hatten wir jetzt kein Geld. Ich weinte und ging an diesem Abend hungrig ins Bett.

Es gab in unserem Stadtteil Hongkew* oft Theateraufführungen, Konzerte oder andere Veranstaltungen. Bald entdeckte man, dass ich eine gute Tänzerin war, und so stand ich oft auf dem Programm.

Ich wurde als „Little Doll"* angekündigt, denn ich war nicht besonders groß, aber zierlich und sah nett aus. Ich liebte es zu tanzen und dabei noch ein bisschen Geld nach Hause zu bringen.

* Chanukkah S.59
* Hongkew, sprich: honkju
* „Little Doll" = Kleine Puppe

Als ich zwölf Jahre alt war, sagte Papa: „Jetzt ist Schluss! Du bist sehr talentiert, aber meine Tochter wird keine Tänzerin!“ Papa wollte nur mein Bestes. Er war sehr vorausschauend, und er war der Meinung, dass Tänzerin kein ehrenhafter Beruf wäre.

Ich besuchte die englischsprachige Schule, und Mutti ließ sich als Krankenschwester ausbilden.

Mutti als Krankenschwester

Papa kam mit den Lebensumständen in Shanghai gar nicht zurecht. Er litt unter dem tropischen Klima und darunter, dass er kein eigenes Geschäft mehr hatte. Nach zwei Jahren starb Papa an einem Herzleiden.

an Papas Grab

Nun waren Mutti und ich ganz auf uns gestellt. Wir hörten von dem schrecklichen Krieg in Europa, den man heute den Zweiten Weltkrieg nennt.

Inzwischen war die Situation in Shanghai schlechter geworden. Die Japaner* befahlen, dass alle Juden im Stadtteil Hongkew wohnen müssen. Es gab nicht genug Arbeit für die vielen Menschen.

* Japaner S.65

vor der Garden Bridge

Doch bald bekam ich einen Passierschein und durfte in einem anderen Stadtteil arbeiten. Auf dem Weg zur Arbeit musste ich über eine Brücke gehen, auf der ein japanischer Soldat stand.

Einmal marschierte ich an diesem Soldaten vorbei. Plötzlich traf mich ein harter Stoß an der Schulter. Erschrocken drehte ich mich um. „Warum tun Sie das?“, fragte ich auf Englisch. „Du musst dich vor einem japanischen Soldaten verbeugen!“, sagte der Japaner streng und hielt das Gewehr noch immer so, als wollte er mich nochmals mit dem Kolben schlagen. „Das wusste ich nicht“, sagte ich entschuldigend. Ich verbeugte mich und ging schnell weiter.

Meine Mutter arbeitete in einem Krankenhaus und ich war dort als Sekretärin beschäftigt. Weil wir beide verdienten, ging es uns finanziell besser und wir konnten uns kleine Ersparnisse anlegen. Endlich hatten wir genug Geld, um für Papas Grab einen Grabstein setzen zu lassen.

im Dienst

1945 ging der Krieg zu Ende. Wie würde es weitergehen? Viele Juden versuchten nach Amerika auszuwandern, andere kehrten nach Deutschland oder Österreich zurück. Mutti und ich blieben vorerst. Doch wir merkten, dass wir hier immer Fremde sein würden.
Eines Tages, Mutti und ich waren zu Fuß auf der Straße unterwegs, belästigte uns ein Chinese in Uniform. Von diesem Augenblick an, stand für uns fest, Shanghai zu verlassen. Wir wollten weg von hier.

Am 14. Mai 1948 entstand der Staat Israel*. Als wir davon erfuhren, beschlossen wir nach Israel auszuwandern.

* Staat Israel S.66

Marseille
Haifa
Kap der
Guten Hoffnung

Shanghai
Ich
Mutti

Meine Zeit

Betende Juden an der Westmauer in Jerusalem

in Israel …

Davidszitadelle

Menorah

Israel

Am 17. Februar 1949 erreichten wir den Hafen von Haifa. Nun sah ich zum ersten Mal das Land, das meine neue Heimat werden sollte.

Haifa

Ich war inzwischen fast 21 Jahre alt. Wie wird mein Leben weitergehen?
Busse brachten uns zu unserer ersten Unterkunft. Es war kalt. Ich fühlte mich krank. Die Ankunft in der neuen Heimat war nicht so schön, wie ich sie mir erträumt hatte.

Mutti fand bald darauf wieder Arbeit in einem Krankenhaus. Ich erhielt eine Stelle als Sekretärin, weil ich gut Deutsch und Englisch sprechen und schreiben konnte.

1953 heiratete ich einen sehr lieben Mann namens Markus. Er kam ursprünglich aus Polen und sprach ein wunderschönes Deutsch.
Wenn ich zu ihm sagte: „Bitte, mach den Kasten zu!", dann korrigierte er meine österreichische Ausdrucksweise und sagte: „Du meinst wohl den Schrank?"

Nach zehn Jahren Ehe wurde unser Sohn Eddie geboren. Leider starb Mutti einige Wochen vorher. So konnte Eddie seine Großmutter nicht mehr kennen lernen.

Inzwischen ist er verheiratet und hat 17 Kinder, zehn Buben und sieben Mädchen. Drei der Mädchen sind schon verheiratet und so habe ich bereits sieben Urenkel.

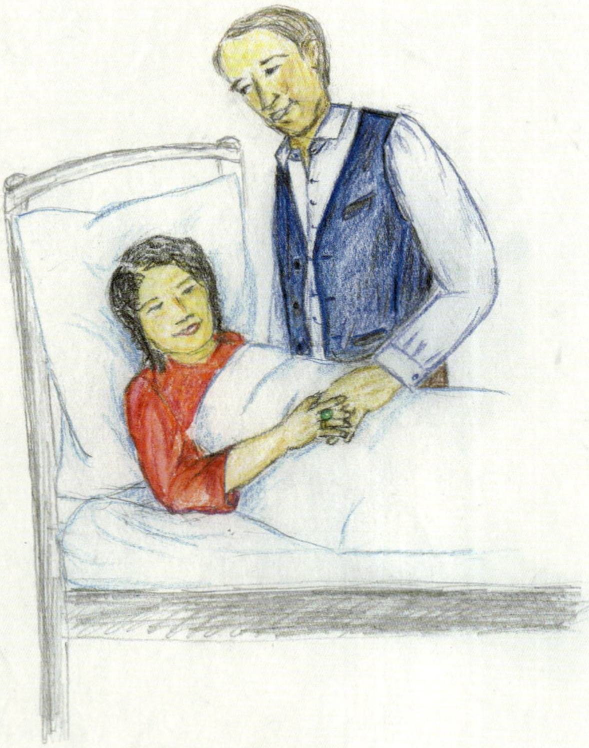

Nach einer komplizierten Herz-Operation lag ich viele Wochen im Krankenhaus. Mein Mann Markus betreute mich aufopfernd. Das kostete ihn sehr viel Kraft. Nicht lange danach starb er.

Heute lebe ich in Jerusalem in einem sehr schönen Seniorenheim, nicht weit weg von meinem Sohn und seiner großen Familie.

Weg von hier?

Vor ein paar Wochen schickte mir die Jüdische Kultusgemeinde* aus Wien einen Brief und fragte mich, ob ich in Wien in ein Seniorenheim einziehen möchte. Das war eine große Überraschung für mich. Es wäre verlockend, wieder in meine ehemalige Heimat zu kommen. Doch aus gesundheitlichen Gründen kommt das für mich nicht in Frage. Mir fiel das Sprichwort ein:

„Einen alten Baum soll man nicht verpflanzen!"

* Jüdische Kultusgemeinde S.58

Informationen und Erklärungen

Juden

Die Juden sind ein Volk mit eigener Religion.
Sie sind die Nachkommen von Abraham, von dem in der Bibel berichtet wird, dass er der Vater eines großen, unzählbaren Volkes sein wird. Ein Enkel Abrahams hieß Jakob. Dieser hatte 12 Söhne. Einer davon hieß Juda. Von diesem Sohn kommt der Name Jude.

Moses, ein weiterer Nachkomme Abrahams, hatte am Berg Sinai (Berg auf der Halbinsel Sinai, die zwischen Saudiarabien und Ägypten liegt) ein Erlebnis mit Gott: Gott spricht mit Moses, schließt mit den Nachkommen Abrahams, dem Volk Israel, einen Bund und gibt ihm zehn Gebote auf Steintafeln, die für das Leben bedeutsam sind. Noch heute sind Teile dieser Gebote auch in unseren Gesetzen verankert.
In vielen Ländern gibt es jüdische Staatsbürger. Auch in Österreich leben heute ca. 8000 jüdische Staatsbürger.

Tempel / Synagoge

In Jerusalem, der Hauptstadt Israels, bauten die Juden den Tempel. Dort beteten sie und feierten ihre Gottesdienste.

Im Jahr 70 nach Christi Geburt wurde der Tempel von den Römern zerstört.

Die Synagoge ist das Gotteshaus, in dem sich die Juden zum Gebet versammeln.

In Österreich wurden Synagogen manchmal auch Tempel genannt. In Linz steht die Synagoge in der Bethlehemstraße.

die Synagoge in Linz vor dem Brand (links) und heute (oben)

Rabbiner

Er ist ein jüdischer Gelehrter. Er gibt religiöse Lehre weiter, leitet oft Festtagsgottesdienste, verheiratet Brautpaare und kümmert sich um die jüdische Gemeinde.

Israelitische Kultusgemeinde

So wird die jüdische Gemeinde in Österreich genannt.
In der jüdischen Gemeinde werden der jüdische Glaube und die jüdische Kultur gelebt.

Österreichweit gibt es gegenwärtig fünf Israelitische Kultusgemeinden, eine davon ist in Linz.

Chanukkah

Das ist ein acht Tage dauerndes Lichterfest. Es erinnert an ein Ereignis, das vor mehr als 2000 Jahren in Jerusalem stattgefunden hat.

Die Menorah war ein siebenarmiger Leuchter im Tempel, der niemals erlöschen sollte. Nach einem Krieg sollte die Menorah wieder angezündet werden. Dazu brauchte man ein besonderes Öl.
Im Tempel fand man einen kleinen Krug mit Öl, gerade genug, dass der Leuchter einen Tag lang brennen konnte. Unerklärlicherweise leuchtete er jedoch acht Tage hindurch, bis das nötige Öl hergestellt war. Daran erinnern die acht Lichter des Chanukkah-Leuchters. Jeden Tag wird ein Licht mehr angezündet, bis am Ende alle acht brennen. Tatsächlich hat der Leuchter oft neun Arme oder Lichterhalter. Das neunte Licht ist der Diener. Nur mit diesem dürfen die anderen angezündet werden.

Zu Chanukkah gibt es verschiedene Bräuche: die Kinder bekommen Geschenke und Süßigkeiten, es gibt spezielle Speisen (Krapfen, Kartoffelpuffer), Chanukkah-Lieder werden gesungen, Kinder spielen mit einem Kreisel, der Dreidel genannt wird.

Adolf Hitler und die Nationalsozialistische Arbeiterpartei (NSDAP)

Adolf Hitler war Österreicher und wurde 1889 in Braunau am Inn geboren. Später lebte er einige Zeit in Linz und dann in Wien. Sein Traum, Künstler zu werden, ging nicht in Erfüllung. 1913 übersiedelte er nach München. Im Ersten Weltkrieg war er Soldat im deutschen Heer.
Nach dem Krieg arbeitete Adolf Hitler in der NSDAP mit. Die Mitglieder wurden Nationalsozialisten oder Nazis genannt. Hitler versuchte 1923 die deutsche Regierung zu stürzen. Das misslang und er kam für ein halbes Jahr ins Gefängnis. Nachdem er wieder freigelassen worden war, gründete er die NSDAP neu. Diese Partei bekam immer mehr Mitglieder. Bei den Wahlen bekam die NSDAP viele Stimmen und Adolf Hitler wurde 1933 zum Reichskanzler ernannt. Nachdem der Reichspräsident gestorben war, ernannte sich Hitler zum Staatsoberhaupt.
Unter der Regierung der NSDAP wurden besonders Juden verfolgt und Menschen, die anders dachten als die Partei. Hitler starb durch Selbstmord im April 1945.

SA und SS

SA (= Sturmabteilung) und SS (= Schutzstaffel) waren politische Kampftruppen der Nationalsozialisten. Sie waren so etwas wie eine Polizei in der Partei. Die SA-Männer trugen braune Uniformen, die SS-Männer schwarze.

Gestapo

Die Geheime Staatspolizei (= Gestapo) und der Sicherheitsdienst überwachten die Staatsbürger und verhafteten jede Person, die mit den Entscheidungen der NSDAP nicht einverstanden war.

Der Anschluss

Am 12. März 1938 marschierten 50.000 deutsche Soldaten in Österreich ein. Sie wurden von vielen Menschen freudig begrüßt.
Österreich hörte auf, ein unabhängiger Staat zu sein, und wurde ein Teil des Deutschen Reiches.
Oberösterreich hieß ab dieser Zeit „Oberdonau“. Hitler hatte für „seine Stadt Linz“ große Pläne. Er wollte sie zu einer prächtigen Stadt ausbauen.

KZ = Konzentrationslager

Ein KZ war ein Lager, in dem sehr viele Menschen eingesperrt und ermordet wurden, weil sie Juden, Sinti oder Roma waren. Dazu kamen auch solche, die politisch eine andere Meinung hatten oder sonst etwas dachten oder sagten oder taten, was den Nationalsozialisten nicht gefiel. Später wurden auch viele Kriegsgefangene in Konzentrationslager gebracht.
In Oberösterreich war in Mauthausen ein besonders großes KZ, aber auch in Gusen, Ebensee und anderen Orten gab es solche Lager.

Novemberpogrom

Am 10. November 1938 um 4:30 Uhr wurde die Synagoge in der Bethlehemstraße in Linz von SA-Mitgliedern angezündet, nachdem sie alles Wertvolle herausgetragen hatten. Erst eine Stunde später wurde die Feuerwehr informiert, die dann nur noch darauf achtete, dass andere Gebäude nicht in Brand gerieten. Später behauptete man, dass man alles getan hätte, um das Feuer zu löschen.
In der gleichen Nacht wurden in Deutschland und in ganz Österreich die meisten Synagogen zerstört, indem man sie anzündete. Auch viele jüdische Geschäfte wurden verwüstet. Zahlreiche Juden wurden verhaftet und in Konzentrationslager gebracht. Es gab auch Tote und Verletzte.

Shanghai

Shanghai ist heute eine riesengroße Hafenstadt in China mit ca. 19 Millionen Einwohnern (Österreich hat ca. 8 Millionen).

Nachdem die NSDAP 1933 in Deutschland an die Macht gekommen war, wurde es für Juden immer schwieriger in Deutschland und Österreich zu leben.

Besonders nach dem Novemberpogrom 1938, beschlossen immer mehr Juden in andere Länder auszuwandern. Aber viele Staaten wollten keine Juden aufnehmen.
Die Stadt Shanghai war der einzige Ort der Welt, für den man keine besondere Einreisegenehmigung brauchte.
Als 1937 Shanghai von den Japanern besetzt wurde, erlaubten sie den Juden noch die Einreise.

Japaner in Shanghai

Im Jahre 1937 erklärte Japan China den Krieg. Die Japaner eroberten unter anderem die große chinesische Hafenstadt Shanghai. Die Besetzung dauerte bis September 1945.

Der Staat Israel

Nach den schrecklichen Ereignissen des Zweiten Weltkrieges waren in Europa viele überlebende Juden staaten- und heimatlos. Es wurden intensive Verhandlungen geführt, um für diese Menschen einen Staat zu schaffen. So entstand der Staat Israel. Vor der Staatsgründung verwalteten die Engländer dieses Gebiet. Zu diesem Zeitpunkt lebten Araber, Juden und Christen dort.
Alle hatten einen englischen Pass mit der Eintragung „Palestine“.
Nachdem die Engländer das Land verlassen hatten, wurde am 14. Mai 1948 der Staat Israel ausgerufen.
Viele arabische Bewohner, die man heute Palästinenser nennt, waren mit der Staatsgründung nicht einverstanden. Bis heute ist das ein ungelöster Konflikt.

Israel liegt auf einer Landbrücke zwischen Asien und Afrika am östlichen Rand des Mittelmeeres. Nachbarstaaten sind der Libanon, Syrien, Jordanien und Ägypten. Im Süden grenzt Israel an den Golf von Akaba und damit ans Rote Meer.
In der Länge misst das Land vom Norden bis zum Süden 470 km. Die breiteste Stelle des Landes ist 135 km, die schmalste nur 15 km.

Der niedrigste Punkt des Landes ist das Tote Meer mit 418 m unter dem Meeresspiegel; der höchste Punkt ist der Berg Hermon mit 2248 m.

Eine Besonderheit in Israel ist das Tote Meer bzw. Salzmeer. Es ist ein abflussloser See, in den der Fluss Jordan mündet. Wegen des hohen Salzgehaltes kann man an der Wasseroberfläche liegen oder sitzen.

Mit seinen rund 7,6 Millionen Einwohnern (2010) gehört Israel zu den kleineren Staaten der Welt, Österreich hat rund 8 Millionen Einwohner.
Amtssprachen sind Hebräisch und Arabisch.

Nachwort der Autorinnen

Wir wurden seit vielen Jahren durch die österreichische Tagespolitik, durch Gedenkfeiern und durch Besuche in Israel immer wieder mit dem Thema Nationalsozialismus, Vertreibung und Ermordung der Juden konfrontiert.

Auch im Unterricht in der Volksschule kamen diese Themen zur Sprache, meistens anlässlich des Nationalfeiertages. Wir merkten, dass die Schülerinnen und Schüler jeder Altersstufe ein bruchstückhaftes Wissen mitbrachten und mitbringen.

Der Akademielehrgang „Pädagogik an Gedächtnisorten" an der Pädagogischen Akademie Oberösterreich in Linz (2005 – 2007) half uns, die Thematik in altersadäquater Weise in unseren Unterricht einzubauen.

Wir suchten nach passenden Lebensgeschichten jüdischer Menschen mit Kindheitserinnerungen an Linz und Umgebung.

Bei mehrmaligen Israelaufenthalten lernte Gertraud Hoheneder die Holocaustüberlebende Ilse Mass kennen. Die Erzählungen aus ihrer Kindheit in Linz stellten für uns den gewünschten regionalen Bezug dar. Ihre Zeit als Linzer Schulkind, ihre traumatischen Erlebnisse in der Novemberpogromnacht und ihre Flucht als Zehnjährige nach Shanghai waren für uns der Anlass, dieses Kinderbuch zu schreiben. Familie, Schule oder Verlassen der Heimat sind besonders für Volksschulkinder geeignete Anknüpfungspunkte, um am Leben der erzählenden Person Anteil zu nehmen. Das ermöglicht eine empathische Lernhaltung.

In diesem Buch stehen die persönlichen Erinnerungen der Zeitzeugin Ilse Mass im Vordergrund. Hintergrundinformationen zu den historischen Fakten und didaktisches Material zum Einsatz des Buches im Unterricht, findet man auf der Homepage www.weg-von-hier.at.

Es ist nicht unsere Absicht, den Geschichtsunterricht der höheren Klassen vorwegzunehmen, sondern das bestehende Interesse der Schülerinnen und Schüler aufzufangen und ihr bruchstückhaftes Vorwissen in einen lebensgeschichtlichen Zusammenhang einzubetten.
Wir wünschen uns, dass dieses Buch dazu beiträgt, Kindern einen Zugang zu den geschichtlichen Ereignissen in der Zeit des Nationalsozialismus zu ermöglichen.

Es soll eine Hilfe sein, die schwierige Thematik von Ausgrenzung, Verfolgung und Krieg im Unterricht zu behandeln.

Wir danken

Ilse Mass, die uns ihre Lebensgeschichte erzählte und uns ihre Fotos zur Verfügung stellte

Ester Golan aus Jerusalem, die uns den Anstoß zu diesem Buch gab

Yakov Stiassny, der uns mit Ilse Mass in Kontakt brachte

Karl Birngruber, der sein Videointerview mit Ilse Mass (2007) zur Verfügung gestellt hat (Dokumentarfilm „Wo sind sie geblieben")

Noa Mkayton von der „International School for Holocaust Studies" - Yad Vashem, die uns beratend zur Seite stand

Besonderer Dank gilt den Lektorinnen Sigrid Langer und Dr. Elfriede Windischbauer und dem Lektor Dr. Christian Angerer von „erinnern.at"

Weiters danken wir:

den Mitarbeiterinnen und Mitarbeitern des Nordico, des Linzer Stadtarchivs, des Diözesanarchivs, des oö. Landesarchivs
der Israelitischen Kultusgemeinde Linz
der Leiterin der Mozartschule
dem Verleger DDr. Helmut Wagner

Bildnachweis

Archiv der Israelitischen Kultusgemeinde
Seite 15: Religionsbuch; *Seite 57:* Linzer Tempel (1920)

Archiv der Stadt Linz
Titelseite und Seite 9: Linz Hauptplatz; *Seite 13:* Bismarckstraße; *Seite 9:* Pöstlingberg

Bildarchiv NORDICO Stadtmuseum Linz
Seite 9: Stelzhamer Denkmal Volksgarten; *Seite 12:* Donauschifffahrt; *Seite 15:* Mozartschule 1930

Hedwig Beuer, privat
Titelseite, Seite 48–49 und Seite 74–75: Jerusalem (2008)

Diözesanarchiv Linz
Seite 26: Reichspogromnacht; *Seite 27:* nach der Reichspogromnacht im Tempelinneren

Fotolia.com, ©chungking
Seite 36–37: Shanghai

Gerhard Führer, privat
Seite 6: Ilse Mass in Jerusalem (2010); *Seite 52:* Ilse Mass in Jerusalem (2010); *Seite 64:* Shanghai (2007)

David Hauger, privat
Seite 57: Tempelmodell Jerusalem (2004)

Alexandru & Ruth Longodor, privat
Seite 9: Hauptplatz Linz (2011); *Seite 15:* Mozartschule (2011); *Seite 48:* Davidszitadelle (2006)

Ilse Mass, Privatsammlung (Gerhard Führer, Repros 2010)
Titelseite: Postkarte Shanghai; *Seite 10:* Familie Rubinstein im Volksgarten; *Seite 14:* Ilse als 5-jährige Tänzerin; *Seite 16:* 2. Klasse Mozartschule; *Seite 33:* Überseeschiff „Conte Biancamano" (Prospekt); *Seite 34:* „Conte Biancamano" (Prospekt), Ilse u.a. an Deck; *Seite 35:* Familie Rubinstein u.a. an Deck, Speisesaal, Salon, Kajüte „Conte Biancamano" (Prospekt); *Seite 37:* „Conte Biancamano" (Prospekt); *Seite 41:* „Little Doll" in Shanghai; *Seite 42:* Julia Rubinstein bei Arbeit im Hospital/Shanghai; *Seite 43:* Ilse & Julia am Grab von Eduard Rubinstein; *Seite 44:* Ilse & Julia vor Garden Bridge/Shanghai; *Seite 45:* Ilse & Julia mit Ambulanz in Shanghai; *Seite 46:* Ilse Portrait; *Seite 47:* Ilse & Julia unterwegs nach Haifa

Angelika Schlackl, privat
Seite 24: Rabbinerhaus Bethlehemstraße 26 (2011); *Seite 47:* Einwandererschiff in Atlit (2012); *Seite 48/49:* Westmauer, Altstadt und Menora (Knesset) in Jerusalem (2012); *Seite 50:* Haifa (2012); *Seite 67:* Totes Meer (2009)

Rosdyfilm. Zuflucht in Shanghai. Presse.
URL: http://www.rosdyfilm.com/shanghai/deutsch/framesetshanghai.htm; 09.05.2012
Seite 36: Stadtteil Hongkew, Straßen in Shanghai, Cafè Little Vienna